Gina

Núria Albó

Il·lustracions de Maria Àngels Casals

editorial cruïlla

Primera edició: febrer de 1994
Novena edició: setembre de 2002

Direcció literària: Montse Ingla Mas
Edició: Gemma Lienas i Massot
Il·lustracions i coberta: Maria Àngels Casals

Balmes, 245 - 08006 Barcelona
editorial@cruilla.com

Comercialitza: CESMA, SA
Catalunya i Balears: tel. 936 308 400
fax 936 308 750
cruilla.cesma@grupo-sm.com
C. Valenciana: tel. 963 498 087
fax 963 474 836

ISBN: 84-7629-827-7
DL: M-34.350-2002
Imprès a Espanya / *Printed in Spain*
Impremta SM

1

LA GINA tenia deu anys acabats de fer, els ulls molt brillants i les idees fixes. Sabia el que volia i tenia paciència per aconseguir-ho. Si li era impossible, s'enfadava molt. Quan era petita, si algú li trencava la girada feia una gran rebequeria o se n'anava a un racó i llançava males mirades a la persona gran que no li deixava fer la seva voluntat. Tant els seus pares com els avis havien rebut algun d'aquells llampecs que sortien dels seus ulls enfadats i li havien dit:

–Ui, ui, Gineta. ¡Si les mirades fossin fletxes, m'hauries foradat!

Quan li deien coses d'aquestes, ella, en comptes de riure, encara s'enfadava més i s'amagava en algun racó per no haver de veure ni de sentir ningú.

Quan es va fer gran, va canviar de tàctica. En lloc de plorar o de malmirar algú de la família, el que feia era el sord. Si la mare li deia que s'endrecés l'habitació, que fes els deures o que ajudés a parar taula mentre ella estava per una altra cosa, tancava les orelles i no sentia res. Però quan la mare perdia la paciència i l'amenaçava:

—¡Mira que et castigaré tota una setmana sense veure la tele!

Aleshores hi tornava a sentir i contestava:

—¡Està bé! ¡Ja ho faig!

I endreçava l'habitació, parava la taula o el que li hagués manat la mare, perquè mirar la tele l'encantava i no volia que la castiguessin ni un dia a no veure-la. Sabia de memòria els programes que feien a tots els canals i estava al cas de l'hora dels seus preferits. Tot de memòria. Els seus pares havien de mirar tot el dia el diari per recordar-se del que volien veure. Ella ho tenia tot al cap i, a les

mans, sempre hi duia el comandament a distància, a vegades per buscar un programa i altres vegades només pel gust de saltar d'un canal a l'altre.

Quan no era l'hora dels dibuixos o de pel·lícules de nens posava algun vídeo.

El vídeo que preferia era una pel·lícula que es deia *Somriures i llàgrimes*. Tractava d'una família encantadora que primer eren feliços amb una noia que els cuidava, però després venia la guerra i havien de fugir. Encara que sabés que tot acabava bé, la Gina patia molt quan la família s'amagava al cementiri, els dolents els buscaven, i venia molt just que no els trobessin; però respirava de gust quan els policies dolents se n'anaven i ells es podien escapar i anar als Estats Units.

Quan la mare sentia la música d'aquest vídeo, li deia:

–¡Altra vegada la mateixa pel·lícula! No sé com no l'has avorrit.

–A mi m'agrada –deia la Gina.

I era veritat. Perquè les nenes amb les idees fixes tenen un defecte: són bastant tossudes. Però també tenen una qualitat: són molt fidels, o sigui, no es cansen dels seus amics i de les coses que els agraden.

Quan la Gina anava a l'escola bressol va conèixer cinc nenes: la Marta, la Gemma, les dues Annes i la Sílvia. Doncs bé. Com que després totes van anar també al mateix col·legi, continuava sent-hi amiga i no s'havia preocupat de tenir-ne cap més.

Per això la seva mare la va matricular en una escola de música i en una altra d'anglès, on no anava cap de les seves amigues, perquè conegués altra gent. La Gina hi va anar i aviat va fer-hi amics. També s'avenia molt amb el cosinet Sergi i amb les veïnes de la casa dels diumenges. A tot arreu tenia amics, però no els barrejava mai. Cadascú al seu lloc.

Quan estava sola a casa, dimecres a la tarda, que era l'únic dia que no anava enlloc, o bé els altres dies al vespre i els caps de setmana, s'asseia al sofà i engegava la tele. És clar que la tele té un gran inconvenient. Com que fa soroll, els pares la senten i el que era més a prop la cridava:

–¡Gina!

–¿Què mana?

–¿Ja has fet els deures?

–Sí.

–No m'ho crec.

–¡Vine-ho a veure!

A vegades estava de sort i no hi anaven perquè tenien feina, però altres vegades no ho estava tant i el pare o la mare volien comprovar si ja havia fet els deures. Si tocaven mates, no hi havia perill. Les matemàtiques li agradaven molt. Sabia resoldre tots els problemes i no entenia per què a molts altres nens els costaven tant. Però si tocaven socials, que eren tan avorrides, ja era una altra cosa. Fer mapes o dibuixos de plantes, encara com aquell; però haver d'estudiar les lliçons era un pal, i, per exemple, saber com es fa el pa o el vi, o per on passen els rius, ¿a qui interessa? El pa ja el fan els forners, el vi només preocupa els borratxos i els rius passaran pel mateix lloc encara que ella no ho sàpiga.

Tant el pare com la mare treballaven molt i a vegades no hi eren, però quan hi eren li deien:

–¿Vols que et pregunti la lliçó?

–D'acord.

–¿Per on passa el Segre?

–No ho sé, ¿per Girona?

–No.

–Doncs per Tarragona.

–Tampoc.

–Ai, quin riu més pesat. Doncs, ¿per on passa?

–Per Lleida.

–Ara ho anava a dir. De poc que ho endevino.

–No es tracta d'endevinar, sinó de saber.

–Ara ja ho sé. Passa per Lleida.

Quan responia així, a vegades, la gent gran s'enfadava i deia que la Gina era desvergonyida; però no ho era pas. No contestava així per fer enfadar la gent sinó perquè era una nena que tenia lògica. La lògica és com una mena d'escala on un escaló segueix un altre, i si es van pujant, arribes a dalt. En aquest cas del

Segre hi havia hagut tres escalons. El primer era no saber per on passava. El segon era aprendre-ho i el tercer saber-ho, i ja ets al capdamunt de l'escala.

Hi ha altra gent que en comptes de pujar de graó en graó volen saltar d'una cosa a l'altra. La Gina tenia una germana, quatre anys més gran que ella, que es deia Bibí. A la Bibí no li agradaven gens les matemàtiques i quan havia de fer un problema demanava al pare:

–¿Com es resol aquest problema?

–Deus voler dir com es planteja.

–No, no. Només com s'ha de fer perquè surti. El dia que pugui deixar d'estudiar mates seré molt feliç.

Aquestes dues germanes només s'assemblaven de cara. La Bibí tenia els cabells estirats, i a l'estiu li quedaven ben rossos. La Gina els tenia més foscos, una mica ondats i tallats més curts. La Bibí no sabia guardar-se les alegries ni les penes, i la Gina, sí. Les guardava tan ben amagades que a vegades la gent s'equivocava i es pensava que no en tenia, cosa que no era pas veritat. A la Bibí li agradava anar a la moda, i en canvi a la Gina li agradaven els vestits amb colls de puntes i llaçades, com si fos una nena d'abans.

Amb tantes diferències no és estrany que a vegades es barallessin, però els quedava temps per estimar-se molt, i si una d'elles marxava de colònies o a casa d'algú, l'altra s'enyorava i no estava tranquil·la fins que tornaven a estar juntes i podien tornar-se a barallar.

També s'ajudaven, es deixaven cèntims, es guardaven secrets, i la Bibí patia quan veia que la Gina mirava la tele en comptes de fer els deures. Li deia:

–¿Encara no has començat a treballar? Mira, Gina, que et castigaran. Si ho vols, t'ajudo.

–Ja tinc temps.

–¡Què has de tenir temps! ¡No veus que ets tan lenta!

Era veritat. Així com la Bibí, quan feia un examen o els deures de casa, començava sempre pel que sabia fer i deixava pel final el que era més difícil i així s'assegurava almenys un suficient, la Gina sempre anava per ordre. Si tenia la mala sort que els primers exercicis eren els més complicats, no els deixava de banda sinó que rumiava i rumiava fins que en treia l'entrellat i, és clar, així perdia molt de temps. I si era a casa seva, no passava res, però si era a l'escola, tocaven el timbre i ella havia de dir:

–Esperi's una mica, que encara no estic. Acabo de seguida.

–Ai, Gina, Gina –deia la senyoreta–, ets la persona més gansa que hi ha sota la capa del sol.

–¿Què és la capa del sol?

–És un dir.

–La capa del sol deu ser transparent perquè, si no, no ens hi veuríem; i si és transparent no cal que en porti perquè no tapa res.

–Acabaries la paciència d'un sant –deia la senyoreta.

Aleshores la Gina callava perquè no la volia fer enfadar. No era gens rabiüda i s'entenien molt bé, però ella sabia que no es pot abusar de les persones encara que t'hi avinguis, perquè els poden venir ganes de no deixar-te acabar la feina o de posar-te mala nota de dret. La veritat és que, gansa o no gansa, la Gina sempre tenia bones notes, fins i tot de socials (encara que no fossin excel·lents com les de mates o d'anglès), i així no l'havien de castigar mai i quan arribava a casa podia engegar tranquil·lament la tele.

2

A MÉS DE LES PERSONES, el que la Gina s'estimava més eren les nines i els animals de peluix. Gairebé tots els animals els havien comprat en una botiga on també venien perfums i coses de pintar-se.

La noia de la botiga es deia Carmina i s'havien fet amigues perquè la Gina sempre comptava el que la mare havia gastat i no s'equivocava mai. La Carmina li deia:

–Sembles una calculadora.

–També la sé fer anar –deia la Gina.

Un dia la Carmina li va dir:

–¿Que t'agradaria fer anar la màquina registradora?

–Molt.

–Doncs t'ho deixo provar.

Li va ensenyar com es feia i la Gina ho va aprendre de seguida. La mare havia gastat en total quatre mil set-centes quaranta-dues pessetes. Ella va fer el compte però la Carmina va picar la tecla que feia obrir el calaix i va agafar els cèntims de la mare i el canvi. Des d'aquell dia, sempre que hi anaven li deixava fer el compte, fins i tot de senyores que no eren la mare. També li deixava tocar els peluixos nous i mirar quant valien per veure si podia demanar-los pel seu aniversari o si eren massa cars. Els peluixos que no havien comprat a casa la Carmina, els hi havien dut els Reis de casa l'àvia.

Quan no en tenia gaires, se'ls ficava tots al llit perquè li agradava molt aquella companyia tan toveta. Quan ja en va tenir massa van haver de fer torns, per ordre de petits i sempre es recordava de quins peluixos tocava posar al llit.

De nines també en tenia moltes. Des de les més petites, que només eren per fer bonic, que li havia dut el pare quan feia viatges i que anaven vestides segons els països d'on eren, fins a la Rosaura, que era tan o més grossa que la seva cosineta Ariadna.

El problema de les nines era que no tenien llit. La Gina només tenia un bressolet on en cabien dues de mitjanetes. Les altres eren sempre al prestatge. No anava bé ficar-les al seu llit, ni tan sols per torns, perquè eren molt fredes i algunes es podien fer malbé si queien; a més, eren massa grosses per encabir-les en una capsa de sabates, que eren les úniques que havia trobat buides. Per això va estar molt contenta quan un dia baixant per la vorera de la Rambla va veure una gran caixa de cartró. Els d'una botiga l'havien deixat fora, al costat de les bosses de les escombraries, perquè se l'endugués l'escombriaire amb el camió.

Era una caixa de nevera, la Gina ho va llegir, i sense gens de vergonya, la va estirar per endur-se-la a casa.

Com que a la vorera hi havia molts obstacles, va travessar el carrer i va anar pel mig de la Rambla, on els cotxes no podien passar. Hi havia molta gent que la mirava però ella no veia ningú, enfeinada en arrossegar aquella gran caixa perquè era massa grossa per dur-la a coll. Tot d'una va sentir que li deien:

–¿On vas tan carregada, Gina?

–A casa meva.

–¿I què en vols fer, d'aquesta caixa?

–Endreçar-hi les nines.

–Te n'hi cabran moltes, ¿oi?

–Sí. Ara me n'he d'anar. Adéu, Susanna.

Era una amiga de la seva mare, que se l'estimava molt perquè no tenia cap nena. Només tenia gats. La Susanna va riure i es va mirar una estona la Gina, que tirava avall a poc a poc per no topar amb la gent i vigilava que a terra no hi hagués ferros o altres objectes tallants que foradessin el cartró. El trajecte no era gaire llarg però s'hi va estar molta estona perquè no podia anar de pressa ni passar pertot arreu.

El tros més difícil va ser travessar pel semàfor. La gent que s'esperava que es posés verd se la miraven tots enriolats

però no li preguntaven res perquè no la coneixien. També va ser complicat passar pel carrer estret que duia a casa seva, però amb paciència i vigilància va aconseguir arribar sense problemes a la porta de baix de casa seva.

Quedava la cosa pitjor, que era pujar fins al tercer pis, que és allà on vivien, i no tenien ascensor. Aleshores va trucar des de baix i va tenir la sort que va ser la Bibí qui va obrir la porta. Des de l'ull de l'escala, la Gina li va dir:

–Bibí, ¿m'ajudes a pujar una cosa?

–¿Quina cosa?

–Una caixa de cartró.

–¿I no la pots pujar tu sola?

–És que és enorme.

–¿I què hi ha a dins? La Bibí començava a sentir curiositat.

Aleshores la Gina va ser una mica múrria. En comptes de dir-li que no hi havia res, va contestar:

–Baixa i ho veuràs.

La Bibí es va pensar que duia algun paquet o algun regal, i amb quatre salts va baixar les escales. Quan va descobrir que només es tractava d'una caixa buida es va empipar una mica.

–Ja està bé, Gina. Tens cada idea... ¿I d'on l'has tret, aquesta baluerna?

–¿Aquesta què?

–Deixa-ho córrer. Bé, ja que sóc aquí, tant se val que t'ajudi.

I d'aquesta manera la gran caixa abandonada va trobar mestressa i va pujar escales amunt. La Gina anava al davant perquè era més baixeta. La Bibí al darrere perquè era més alta i així anava més còmoda, i no perdien l'equilibri. Quan van ser a dalt, la Gina va dir:

–Moltes gràcies, Bibí. Et dec un favor.

–Tranquil·la, Gina, no em deus res.

–¿I què vol dir baluerna?

–Una cosa que ocupa molt lloc i que fa molta nosa.

Perquè la Gina no estava contenta fins que li deien el que ella volia saber. La Bibí es distreia més, però en canvi es divertia fent servir paraules ben estranyes i es feia un tip de riure quan l'altra gent no les havia sentit mai i es quedava mirant-se-la sense saber si era una broma o un insult.

Quan va arribar la mare i va veure la caixa va fer una cara com si l'hagués de començar a renyar, però la Gina li va dir ben de pressa:

–No t'enfadis, mare. De seguida t'explico per què ha de servir aquesta baluerna.

–¿Aquesta què?

Mentre li explicava d'on havia tret aquesta paraula i el problema de les nines sense llit, a la mare li van anar passant les ganes de renyar-la i només li va dir:

–Sembles un drapaire que tot ho arreplega.

Més endavant li van regalar capses de cartró boniques i gruixudes, d'aquelles que es compren a les papereries, que tant poden servir per guardar nines como tota mena d'altres coses; però ella s'estimava més aquella gran caixa que havia trobat i arrossegat amb tanta feina, i li sabia greu haver-la de llençar.

Aleshores la mare va dir:

–No et preocupis. Ja sé què en farem.

La van ficar dins del cotxe i se la van

endur al garatge de la casa dels diumenges. Només hi van anar elles dues perquè la caixa ocupava tot el seient del darrere i encara sort que no era gaire lluny perquè, si no, la policia les hauria parat i els hauria dit que aquella baluerna tapava la vista. Bé. Segurament ells ho haurien dit amb una altra paraula.

En arribar al garatge, van baixar la caixa, la van posar en un racó i van ficar-hi a dins les pilotes de la piscina i els pneumàtics que feien servir quan encara no sabien nedar, que guardaven per si de cas venien nenes o nens petits.

3

LA SUSANNA, aquella amiga de la mare, tenia un marit que es deia Ignasi i, almenys, trenta gats. Tots tenien nom i ella els coneixia tots i no els confonia. Sabia moltes coses sobre els gats perquè llegia llibres. Per exemple, sabia que quan un gatet es posa de panxa enlaire perquè li facin carícies vol dir que té molta confiança en aquella persona, ja que de panxa enlaire no es pot defensar.

A més a més, la Susanna feia molta olor. Sempre anava molt perfumada i, sobretot, a l'hivern, duia un abric de pell tot suau. La Gina l'encantava tocar-lo amb la cara i olorar el perfum dolç que s'hi escampava. La Susanna reia:

–Sembles un gatet, Gina.

Potser era per això que se l'estimava tant. Un dia va dir a la mare:

–¿Vols que els regali un gat, a les teves nenes, ara que teniu una casa amb jardí?

–Només em falta el gat –va dir la mare.

–Va, dona, que les nenes estaran molt contentes.

D'això ja feia bastant temps. La mare va cedir i els van dur el primer gat, que es deia Negreta perquè era una gata. I van començar les desgràcies. Un dia, mentre jugaven a la gespa i la porta del jardí era oberta perquè el cotxe del pare anava a sortir, va entrar un gos llop rabent, va trencar el coll a la Negreta i la va matar. Tot va anar tan de pressa que quan el pare sortia del cotxe per espantar el gos, la gateta ja era morta.

Les nenes es van fer un tip de plorar i fins i tot a la mare li van caure les llàgrimes, perquè la Negreta era molt simpàtica i es feia estimar. El pare també es va enfadar molt però el gos llop ja havia fugit i qui sap on era.

Quan la Susanna ho va saber els en va portar un altre. Aquest era un gat que es deia Boget perquè era una mica ximplet. Tan aviat s'enfilava com es cargolava i quedava adormit o empaitava mosques en comptes de menjar. Bé. Aquest els va durar més temps, gairebé dos anys, però un dia li va venir un rampell de travessar el carrer com una fletxa i un cotxe el va aixafar. El van enterrar sota d'un pi, al costat de l'altre, i la Gina pensava: «Aquest jardí aviat semblarà un cementiri de gats.» Sobre de la Negreta la mare hi havia plantat un romaní i sobre d'en Boget hi va plantar una farigola. Eren unes tombes molt perfumades.

Al cap d'uns quants dies va comparèixer la Susanna amb un cabasset i dos gats adormits. Els havia donat una medecina que en diuen tranquil·litzant perquè no s'espantessin pel camí. Eren molt més petits que els altres. Només tenien un mes si fa no fa. La Susanna els va dir:

–Els animalets es fan estimar però quan es moren, el millor és tenir-ne un altre de seguida perquè tampoc no ens hem de disgustar excessivament. Com que ara ja sou grans us n'he portat un per a cada una. A veure si aquesta vegada esteu més de sort i no els passa res.

Aquella panereta amb els dos gats cargoladets era tan preciosa que les dues nenes no sabien apartar-ne els ulls.

–Moltes gràcies, Susanna –van dir totes dues.

Ella se'n va anar i la mare els va dir que triessin. Un dels gatets era siamès i l'altre era negre amb el morret i la part de sota de les potes de color de rosa. La Bibí va triar primer:

–Jo em quedo el gatet siamès. Es dirà Queni.

El va agafar, se'l va posar a la falda i en Queni se li va refregar tot content que li fessin carícies, tot i que encara estava mig endormiscat. La Gina només va tenir temps de dir:

–Aquest serà el meu i es dirà Xipixipi... –que el gatet negre va fer un salt, es va escapar corrents de la panera, es va posar a córrer i es va amagar en un lloc molt complicat. Era una mena de barraqueta de maons que protegia el tub de la piscina. O sigui que hi havia el tub i tres maons, un a cada costat, i un altre, a sobre, pla. No semblava que quedés espai perquè ningú s'hi pogués amagar, però el gatet s'hi havia ficat i ells no el podien treure perquè pel trosset buit els passava la mà però només estirada, no la podien doblegar per caçar el gat.

La Gina va quedar molt trista de veure el mal paper que li feia en Xipi-xipi. És clar que no era pas a ella sinó a tota la família. Es veu que els humans no li agradaven o que potser estava enfadat que l'haguessin tret de casa la Susanna.

Primer es van pensar que ja sortiria però, sí, sí, ja podien anar esperant. El gatet no sortia per res.

–Quan tingui gana ja vindrà –va dir la mare.

Va agafar un plat amb una mica de llet i el va posar a una mica de distància de l'amagatall però el gat no sortia. A l'hora de dinar van haver d'entrar a casa, i quan van tornar a sortir la llet havia desaparegut però el gat no era enlloc. Ajupint-se i mirant pel forat només podien veure el morret de color de rosa, però si provaven de ficar-hi els dits, el gat treia les urpes i s'arraulia més endins.

–Només hi ha una solució –va dir el pare. Haurem de trencar algun maó.

–No ho sé pas –va dir la mare–. Si és un gatet esquerp s'amagarà en un altre lloc... L'haurem de captivar com el Petit Príncep a la guilla.

–Però el gatet no enraona, ¿com sabrem què vol? –va dir la Gina.

–Ja ho veuràs. Però serà qüestió de tenir molta paciència.

–Bé. Doncs ja en tindré.

La mare no va posar més llet al gat i a la tarda va sortir i va comprar fetge, que és una de les coses d'aquest món que agraden més als gats. Aleshores va dir a la Gina:

–Deixa el platet de fetge a la voreta del forat i tu seu una mica más lluny sense bellugar-te. Ho anirem fent així fins que s'acostumi a veure't.

La Gina ho va fer. Seia ben quieta a veure què passava. Al cap d'una miqueta va sortir en Xipi-xipi. Va engrapar un tros de fetge i com un llamp es va tornar a amagar. I així dies i dies perquè el gatet era d'idees fixes com la seva mestressa i havia decidit que no volia tenir res a veure amb les persones de la casa, però davant seu hi tenia una nena que tampoc no cedia i que cada dia posava el platet una mica més lluny del gat i més a prop seu.

Mentrestant, en Queni ja s'havia fet l'amo de la casa. Havia trobat els racons més tous, s'havia assegut a totes les faldes, coneixia el soroll de la nevera i quan el cridaven sortia d'allà on fos.

Aleshores van provar de jugar amb ell davant del forat d'en Xipi-xipi, a veure si l'altre s'animava. En Queni s'acostava al cau del seu amic, s'hi ficava, s'hi estava una estona i tornava a sortir però l'altre, tossut, es quedava a dins.

Quan ells eren a dins, i en Queni, al jardí, veien que en Xipi-xipi sortia, llepava el seu amic i jugava amb ell, però així que sentia la porta tornava a amagar-se corrents.

No hi havia més remei que anar continuant la història del fetge. I bé. La paciència va donar el seu fruit.

El primer progrés va ser al cap d'un parell de setmanes. La Gina seia al costat del plat i, aquell dia, finalment, en Xipi-xipi en comptes d'agafar el fetge i amagar-se, se'l va menjar a fora, entre la Gina i el seu cau. I al cap de pocs dies, la gran novetat. En Xipi-xipi es va menjar el fetge sense treure'l del plat.

La Gina estava tan contenta que no gosava respirar i va sentir que li pujava una cosa calentona coll amunt, que devien ser llàgrimes perquè tot d'una li'n van caure unes quantes. Va dir baixet:

–¿Ja t'has acostumat a veure'm, animalet salvatge?

El gatet es va acabar tot el menjar, va llepar el plat, es va llepar els bigotis, es va ben estirar i, poc a poc, va tornar-se'n al cau.

Quan va estar amagat, la Gina es va alçar i va córrer cap a casa:

–Mare, mare. En Xipi-xipi s'ha deixat captivar.

–¿Què dius, ara? Això sí que és una bona notícia.

–No del tot, però ha menjat al plat.

–És un primer pas. Ara, el que has de fer, quan ja s'hagi acostumat a no fugir, és tocar-lo una miqueta mentre menja, perquè s'acostumi a les persones.

Així ho van fer. La primera vegada el gat es va estarrufar però no va fugir, i de mica en mica va començar a deixar-se tocar sense fer cap protesta. Aleshores la Gina en comptes de posar el fetge al plat se'l va posar a la mà. De primer li feia molt de fàstic perquè li quedava la mà bruta de sang i pudent, però les ganes de guanyar-se el gatet eren més fortes que l'angúnia. Els primers dies, el gatet li prenia el fetge de la mà i se'l menjava a terra, però finalment es va decidir a fer servir aquell platet nou i a ben llepar-lo quan estava llest.

I així, gairebé un mes i mig després de començar a tenir paciència, la Gina va sentir la llengua rasposeta d'en Xipi-xipi que li escurava els dits i després se li asseia al costat i es llepava els bigotis.

Va arribar el setembre. Les primeres setmanes encara eren vacances. En Xipi-xipi s'havia acostumat a la mà de la Gina i deixava que amb l'altra mà li fes carícies. Ella li anava dient el nom que li havien posat perquè el gatet conegués que era el seu. Ara en Xipi-xipi jugava amb en Queni encara que hi hagués altra gent al jardí, però si algú que no fos la Gina se li acostava massa es tornava a amagar al seu amagatall.

4

QUAN VA SER L'HORA d'anar al pis i començar l'escola, van agafar el cistell tapat de dur els gatets amb cotxe. En Queni s'hi va ficar sense protestes però en Xipi-xipi ni somiar-ho. Es va ficar al seu cau i per molt que la Gina el cridés no volia sortir-ne. Aleshores el pare va dir:

–L'hauries de deixar sol. Jo em comprometo a portar-li menjar un parell de cops la setmana.

–¿I no s'enyorarà? –va dir la Gina.

–Ens veurà els diumenges. I si mentrestant es torna més manyac, ja ens l'endurem.

La Gina no estava gaire convençuda

però es va resignar, perquè si hi ha gatets salvatges, ¿què s'hi pot fer? O sigui que es van endur en Queni encara que els fes llàstima de deixar l'altre tot sol, perquè els dos gatets sí que eren amics.

El pare, doncs, va tenir la paciència d'anar cada dimarts i cada dijous a portar menjar al gat i així, de mica en mica, també es van fer amics; i no és estrany perquè el pare i la Gina s'assemblaven molt sinó que el pare no era gens amant de mirar la tele i en canvi li agradava llegir, tocar el piano i escoltar música clàssica. La mare tenia els mateixos gustos, i a més li agradaven molt els jocs de cafè o els plats i altres objectes de ceràmica o de porcellana. Fins i tot feia col·lecció de fireta d'aquesta que es trenca.

Mentrestant en Queni es va acostumar de seguida al pis i al raconet de fer les seves feines, que era al celobert, al costat d'uns testos de plantes que sempre se'ls morien perquè es veu que volien estar-se en un jardí.

En Queni va aprendre a enfilar-se als llits, al sofà o a les cadires més encoixi-

nades, i se'l veia feliç i content. Un dia els va fer riure molt perquè no el trobaven enlloc i no apareixia per molt que el cridessin. L'anaven buscant per tots els racons i res de trobar-lo.

En un racó de la saleta hi havia un balancí bastant antic on la mare tenia asseguda una nina molt grossa, d'aquelles antigues que són de porcellana, amb els ulls blaus i molt rodons. Doncs el gatet s'havia cargolat sobre el cap de la nina i no l'havien vist perquè el racó era bastant fosc i en Queni també tenia els ulls blaus i rodons. Tot d'una la mare va dir:

—¡Ai, ai! ¡Aquesta nina té quatre ulls!

Els dos de dalt eren d'en Queni.

—Ah, trapella —li va dir la mare—. ¡Pobre de tu, si em trenques la nina!

Li va donar una surra fluixeta perquè s'adonés que el cap de la nina era un lloc prohibit. Com que no l'havien renyat mai, en Queni devia aprendre la lliçò perquè no va tornar a posar-s'hi.

Va anar passant l'hivern i els dos gatets creixien. Però el més divertit és que en

Xipi-xipi es feia més gros i més lluent que en Queni. Es veu que a banda del menjar que li duia el pare, caçava pel seu compte perquè a vegades trobaven tot de plomes al jardí sense ocell a dintre, i de ratolins, no en van veure mai més ni entre la llenya que hi havia en un racó del garatge d'on, abans, sempre en sortien.

Quan van anar a la casa dels diumenges per passar les vacances de Pasqua, el pare va dir:

–Em penso que serà millor deixar tots dos gatets aquí. Veig que al salvatjot li ha anat prou bé.

La Bibí no va protestar perquè ja li havia passat una mica la il·lusió dels primers dies i va dir:

–Em sabrà greu no trobar-lo a casa però aquí en Queni hi viurà més content perquè hi tindrà molt més espai per poder córrer.

El que es veia feliç era en Xipi-xipi perquè tornava a veure el seu amic. Se l'enduia amb ell a fer exploracions i a enfilar-se pels arbres, i si en Queni dubtava ell el cridava com si l'animés.

Semblava que tot havia d'anar bé, quan va passar la tragèdia. En Queni s'havia enfilat a la paret dels veïns darrere en Xipi-xipi i no es va saber apuntalar bé o es va espantar perquè els gossos dels veïns bordaven, però el cas és que va caure amb tan mala fortuna que va quedar estabornit i no es movia. En aquell moment les nenes estaven soles però no van dubtar gens:

–Agafo els meus estalvis i el portaré al veterinari. ¿M'acompanyes, Gina?

–Sí. Jo també agafo els meus estalvis.

Van posar en Queni amb molt de compte dins del seu cistell de viatjar i el van dur al seu metge. El veterinari va dir que s'havia trencar la barra i que s'havia d'operar.

–Doncs operi'l, sisplau –van dir les nenes–. No volem que es mori.

–Escolteu, maques –va dir ell–. Serà una operació bastant difícil i bastant cara. ¿Voleu dir que no valdria més que li estalviéssim tots els sofriments?

–¿Vol dir matar-lo? –va preguntar la Bibí.

–Sí. Li donaria una injecció i no patiria gens.

–Jo m'estimaria més provar si es cura –va dir la Bibí–. ¿Què et sembla, Gina?

–Jo també, pobre Queni. A la millor es posarà bé.

–Us diré la veritat. L'operació sortirà bé, però el que em preocupa és el que passarà després. Se li haurà de donar el menjar amb una canyeta, líquids només, i no sé si ho aguantarà.

–Ja tindrem paciència –va dir la Gina.

–M'agrada molt que estimeu els animals. Us prometo que el curaré tan bé com sàpiga. L'haureu de deixar aquí.

–¿Quan el podrem venir a buscar?

–Veniu demà a la tarda.

Se'n van tornar a casa i quan van arribar els pares els ho van explicar. La mare va dir que havien fet molt bé de dur-lo al veterinari i el pare va demanar quant valdria operar-lo.

–No li ho hem preguntat exactament. Ha dit que seria bastant car però ja faré servir els meus estalvis –va dir la Bibí.

–I els meus –va dir la Gina.

–Bé, no patiu –va dir el pare–, la mare i jo també us ajudarem.

L'endemà van anar-lo a buscar. Ja estava operat i duia un aparell que li mantenia la boca tancada perquè se li soldés la barra. Feia molta llàstima, pobre Queni, i el pitjor de tot era que, tal com els havia dit el veterinari, no se sabia acostumar a aquel aparell, ni volia menjar amb la canyeta i s'anava decandint, tot i que el Xipi-xipi el cuidava molt bé. El llepava de dalt a baix i li duia trossets de fetge perquè se'ls mengés; però, és clar, en Queni no podia obrir la boca i cada dia estava més prim i més trist.

Finalment la mare va dir:

–Em penso que el pobre Queni pateix molt.

–Sí que pateix –van dir elles.

–Jo no sé si fem ben fet obligant-lo a viure.

–¿Vols dir que l'hauríem de matar? –va dir la Gina.

–Nosaltres, no.

–¿I si el deixem morir tot sol? –va dir la Bibí.

—Trigarà més dies i patirà més. En canvi si el veterinari li dóna una injecció, que no fa gens de mal, tindrà una mort més dolça.

—D'acord —va dir la Bibí tota trista.

—Ja li duré jo —es va oferir el pare—. No cal que passeu una mala estona.

—No, no —van dir elles—. Vindrem a fer-li companyia. Que almenys vegi que ens l'estimem fins a última hora.

Van marxar tots quatre amb el cotxe. Elles duien en Queni al seu cistell, però no el tapaven perquè no hi havia perill que saltés. Pel camí li anaven fent moxaines i dient-li cosetes perquè no endevinés on el portaven fins que es va adormir, o desmaiar, i no es va despertar ni quan el punxaven; o sigui que almenys no es va adonar de res. El veterinari els va dir:

—Em sap greu que us hàgiu gastat en va els vostres estalvis.

—Ja tornarem a fer guardiola —va dir la Bibí—. I almenys no ens quedarà la recança de no haver provat si se'n sortia.

—¿Era el teu gatet?

–Sí. I jo no tinc mèrit però la meva germana sí que en té d'haver-me ajudat sense tenir-hi obligació.

–Doncs et felicito per tenir tan bona germaneta.

La Gina va mirar cap a un altre cantó perquè es donava vergonya que l'alabessin davant de tothom. També li feia molta pena que el pobre Queni ja fos mort, però no plorava perquè ella es guardava les penes a dintre seu i no les deixava sortir.

Aquell gatet no el van enterrar a casa perquè en Xipi-xipi no en sentís la flaire i es posés neguitós. Van anar al bosc, darrere de casa. Van triar un arbre ben bonic i el van colgar a sota. Després van posar tot de pedres damunt de la terra moguda, i entremig, brotets de farigola i romaní perquè quedés ben perfumat.

Havien estat molt de pega amb els gats. Sort d'en Xipi-xipi. Aquest no es va morir, ni va prendre mal; només quan es barallava amb altres gats tornava amb alguna esgarrinxada, però la mare el curava amb aquella mercromina de gats, que no els fa mal encara que se la llepin.

En Xipi-xipi es deixava curar, es ben llepava i, si no estava gaire masegat, fugia d'un salt i es tornava a barallar amb tots els gats del barri.

5

L'ÀVIA DE LA GINA vivia en una casa al costat d'un torrent. Aquell torrent sempre li havia cridat molt l'atenció perquè hi havia un pont molt fosc. Per sobre d'aquest pont hi passava el tren i per sota, quan plovia molt, hi baixava l'aigua que s'escorria de les muntanyes; i com que entre la sortida del pont i el torrent hi havia un desnivell, l'aigua saltava com una cascada. Ella no ho havia vist mai però la mare sí, i l'àvia, no cal dir-ho. Si feia sol o no plovia gaire, el torrent era sec.

Aquest desnivell era més o menys de l'alçària d'una persona bastant alta però als costats hi havia pedres que sortien, o sigui que t'hi podies enfilar.

A la Gina tot aquest panorama l'havia intrigat sempre i tenia ganes d'anar a veure què hi havia dins del pont i si feia por quan hi passava el tren per sobre, però no gosava aventurar-s'hi sola. Per això un dia va convèncer una de les dues Anna, la Navarro, perquè l'acompanyés aprofitant que la mare volia anar a fer una visita a l'àvia.

Però justament aquella mateixa tarda la cosineta Ariadna i la seva mare també havien decidit anar a casa l'àvia i això va complicar les coses.

La cosineta Ariadna tenia quatre anys i era molt bufona. Els altres cosinets s'estimaven més la Bibí, perquè era molt festosa, però l'Ariadna estava ben enamorada de la Gina i la seguia pertot arreu. A vegades la Gina la trobava una mica pesadeta però quan la veia amb aquells ulls tan dolços i amb aquella veueta que li demanava: «¿Vols jugar amb mi, Gina?», ella no li sabia dir que no i tornava a jugar amb la cuineta o amb la botiga de queviures que li havien dut els Reis feia molts anys i que ara tenia endreçades al garatge. L'Ariadna vivia en un altre poble i per això tampoc no era difícil de ser-hi una mica pacient, perquè no es veien gaire.

Mentre l'àvia i les seves dues filles estaven d'allò més contentes d'haver-se trobat, les nenes van sortir al jardí a jugar amb fireta. La Gina va dir a l'Anna:

–¿I ara què fem?

–Quan la teva cosina badi, ens podem escapar.

–No badarà. Justament és aquella cosineta de qui et vaig explicar que sempre em ve al darrere.

–Doncs, ¿què podem fer?

–Ens l'hem d'endur.

–¿Tan petita?

–És petita, però és molt espavilada.

–¿I si ens cau?

–Ja vigilarem. A més, en sap molt, d'enfilar-se.

–D'acord. Provem-ho.

La Gina havia decidit que volia anar a explorar aquell pont que l'havia intrigat des que era molt petita i ara no es podia pas fer endarrere perquè un altre dia potser no podria convèncer l'Anna o una altra amiga seva que vingués. O sigui que van demanar el berenar perquè no les busquessin durant una estoneta i aleshores la Gina va dir:

–Sortim al carrer a jugar a pilota. Tanco la porta i ja trucarem.

Vigileu que no vingui cap cotxe.

–No en vénen pas mai.

Era veritat. Al carrer de casa l'àvia no hi passaven cotxes. Només hi havia els de les cases del costat però es quedaven davant de les portes. No es podia donar la volta perquè després de l'última casa, que era la de l'àvia, hi havia una paret baixeta i, a sota, el torrent.

Les nenes, doncs, van sortir al carrer, van tancar la porta, i aleshores la Gina va dir a l'Ariadna:

–¿Vols venir amb nosaltres a passar una aventura?

–Sí –va dir l'Ariadna, encara que no sabia què era una aventura.

Primer van saltar la paret que tancava el carrer. Després van baixar una escaleta que duia al camí del marge del torrent.

Després tocava el marge, que era molt relliscós perquè hi havia fulles seques podrides. La Gina va ser la primera, després l'Anna va agafar l'Ariadna per sota del braços i la Gina la va entomar per la cintura. Finalment va baixar l'Anna i ja van ser al torrent. Aleshores van caminar per la sorra fins al costat de l'entrada del pont. La Gina va dir:

–¿Saps on anirem, Ariadna? A veure què hi ha dins d'aquest forat. No tens por, ¿oi?

–No –va dir l'Ariadna.

–Jo aniré al davant i tu has de posar els peus al mateix lloc que jo. Després vindrà l'Anna i si rellisques t'aguantarà.

–Jo no rellisco mai quan vaig a la muntanya –va dir l'Ariadna.

Va ser veritat. L'Ariadna anava molt lleugera i s'enfilava com un esquirol. De tota manera l'Anna s'esperava per si de cas hi havia algun problema. Quan la Gina va arribar a l'entrada del pont, que era el tros més difícil perquè s'havia de fer una mica de volta, es va apuntalar bé i es va ajupir per donar la mà a la cosineta i estirar-la amunt. Després va pujar l'Anna i ja hi van ser a dins totes tres.

Es van donar la mà, l'Ariadna entre elles dues, i es van esporuguir una mica perquè aquell pont era més llarg i més fosc del que es pensaven. Més aviat era un túnel. Hi havia teranyines, les parets regalimaven i tot era de color verd, però no pintat sinó de les plantes molles enganxades, com si fos molsa bruta.

Quan es trobaven al mig, van sentir bordar un gos i aleshores sí que es van espantar de debò. Es van aturar sense saber si anar endavant o recular però quan el gos va bordar un altre cop, es van adonar que era lluny i no podia mossegar-les. El cor els feia patrip-patrap però van acabar d'explorar tota aquella foscor fins que van sortir a l'altra banda, que era al mig d'un bosc.

Van seure una estona amb les cames penjant per recobrar les forces. No és que s'haguessin cansat de caminar, però els esglais també deixen sense respir, tant com pujar a una muntanya.

–Bé, haurem de tornar –va dir la

Gina–, que, si no, ens trobaran a faltar i ens renyaran.

Els feia una mica de mandra tornar a passar pel mateix lloc, però no hi havia més remei; o sigui que calia fer el cor fort. L'Ariadna no plorava ni deia res però els agafava les mans molt fort i gairebé els feia mal de tan espantada que estava.

Quan eren al mig van sentir un gran soroll. Semblava un terratrèmol. Retrunyia tot i elles es van aturar, van tancar els ulls i es van abraçar fort pensant que s'ensorrava el pont. Però el terrabastall va passar de seguida:

–¿Què ha estat això? –va preguntar l'Anna.

–El tren, és clar. No ens recordàvem que hi passava per sobre.

Van tornar a caminar i va ser aleshores que van sentir els crits:

–Gina, Ariadna, nenes, ¿on sou?

Ho van sentir moltes vegades.

–És la meva mare –va dir l'Ariadna.

–I la meva –va dir la Gina.

–I sort que no hi ha la meva –va dir

l'Anna que ja veia venir la gran escridassada.

Aleshores van aparèixer totes tres, ben agafades de les mans, a l'entrada del pont. Les dues mares eren al torrent. Una nena veïna els havia dit que hi havia vist les seves filles. La mare de l'Ariadna, que era més alta, va entomar-les totes tres, l'una darrere l'altra, i quan les va tenir salvades les va ben renyar. La mare de la Gina també estava molt enfadada i l'àvia no deia res perquè ja hi havia prou renys.

Sort que l'Ariadna les va fer riure totes tres perquè va dir:

–¿Saps què, mare? Gairebé no tenia molta por.

Quan van estar calmades, la mare de la Gina va dir:

–Però, ¿per què no ens heu dit on anàveu?

–¿Que m'hauries donat permís per anar-hi? –va dir la Gina.

–Segur que no –va dir la mare.

–Doncs no t'ho podíem pas dir.

6

ENCARA QUE a la Gina li agradés tant mirar la tele, els dies feiners no li vagava gaire. S'havia de llevar, que li costava molt perquè dormia molt profundament, havia d'esmorzar, passar tot el dia a l'escola si s'hi quedava a dinar i, si no, matí i tarda; i, en sortir, dilluns i dijous anava a classe d'anglès, i dimarts i divendres, a classe de música. Només quedava la tarda dels dimecres, els caps de setmana i el vespre dels altres dies que tocava fer deures. No cal dir que ella els feia amb la tele engegada però el pare o la mare li deien:

–¿Com vols estar per la feina si mires la televisió?

–És que si no la miro no em puc concentrar.

–Sí que ets original. Deus ser l'única persona del món que per concentrar-se ha d'estar distreta.

Segurament la mare tenia raó perquè els deures, en comptes d'acabar-se, s'estaven molta estona al mateix lloc com si portessin un pes lligat a cada cama, i segons què tocava de fer, els ulls de la Gina fugien del paper i se n'anaven cap a la pantalla.

Quan era més petita li havien regalat un casset d'aquells tan resistents que no s'espatllen mai encara que caiguin. També hi havia un micròfon i, quan venien les seves amigues o el cosinet Sergi, podien fer veure que eren cantants de moda o locutors de televisió. Els agradava fer concursos d'anuncis. El que tenia el micròfon cantava la cançó dels anuncis, només amb música, sense les paraules i els altres havien d'endevinar de què es tractava.

El premis eren «xuxes», una altra cosa que la mare i, sobretot, el pare tampoc no podien resistir. Les xuxes eren llaminadures que compraven en una d'aquelles botigues, generalment petites, on hi ha cabassets plens de pastilles de goma, regalèssia, maduixetes i altres fruites, bosses de blat de moro torrat i més de cent coses diferents.

—¿Una altra vegada menjant porqueries? —li deia el pare.

—No són pas porqueries —protestava la Gina.

—¡Ves, si no! Només serveixen per embrutar l'estómac.

La mare no rondinava tant perquè algunes d'aquelles xuxes també li agradaven, i a la mare de l'Ariadna, encara més, sobretot les llavors de gira-sol i les llimonetes. Les xuxes eren bones tothora però sobretot mirant la tele. Si feien una pel·lícula de por, ajudaven a fer-la passar. En canvi si era de plorar no servien perquè semblava que el coll es fes petit i costava molt d'empassar-se-les.

Però no tot el que mirava eren dibuixos, anuncis o pel·lícules. De tant en tant, perquè els grans estiguessin contents, també mirava algun reportatge d'animals i un d'aquests programes li va fer molta gràcia.

Sortia un niu quan neixien pollets. Eren pit-roigs, que coneixia bé perquè n'havia vist bastant sovint al jardí o al bosc. Els pollets menjaven el que els portaven els seus pares, això ja ho sabia. Però el que no sabia era que els ocellets feien la caca dins d'una bosseta que els pares agafaven amb el bec i s'enduien.

–¿Per què ho fan, això? –la Gina va preguntar a l'avi Josep que també s'ho mirava.

–Per no embrutar el niu.

–¿I on ho llencen?

–Lluny del seu territori perqué els enemics no els descobreixin el niu.

–¿Quins enemics?

–Els gats o els ocells més grossos que es menjarien els pollets.

Van tornar a mirar les aventures dels ocells, que es feien grandets molt de pressa, i al cap d'una mica la Gina va dir:

–¿Saps què penso, avi?

–¿Què penses?

–Aniria molt bé que tots el ocells portessin calcetes.

–¡Molt bé que aniria!

L'avi Josep vivia al pis del costat, al mateix replà. Li agradava molt fer colleccions, com és ara de segells i de monedes. Quan tenia uns quants segells nous els endreçava i els classificava. Sempre convidava algun dels seus néts o de les seves nétes a ajudar-lo però cap no ho volia fer. Deien que era massa avorrit. Només la Gina s'hi quedava quan l'avi treia les seves col·leccions per ordenar-les.

A vegades la Gina deia a la Bibí:

–¿Per què no vols ajudar mai l'avi a posar bé els segells?

–Perquè és un pal.

–És que, pobre home, sembla que només tingui una néta.

–Millor, dona. Així et deixarà les colleccions en herència.

–No les vull pas. Jo només l'ajudo perquè estigui content.

–Però valen diners. Bé. Quan les heretis te les podràs vendre i llavors em dónes la meitat dels cèntims.

–¡Mira que fresca!

–Seria per les molèsties d'haver-te d'arrencar cada dia de les profundes urpes de la son.

–¿Vols dir despertar-me?

–Efectivament.

Tenia raó. La Gina s'adormia molt fàcilment. Posava el cap al coixí i ja era fora del món. Però en canvi despertar-se era tot un problema. Els ulls no se li volien obrir de cap manera i com més la cridaven, més de mal humor es posava. Però com que volia ser la primera d'arribar a l'escola, cada vespre deia a la Bibí:

–Em despertaràs demà, sisplau.

–¡Si almenys fossis com la Bella Dorment, que només amb un petó la despertaven! Però tu, al matí, ets com un gat mesquer.

–No t'esgarrapo pas.

–¡Només faltaria això!

–No t'enfadis. Ja saps que no sóc conscient del que dic.

–No és pas pel que dius, és el temps que em fas perdre.

La Bibí no complia mai les seves amenaces. Posava el despertador a les set i quan ja s'havia dutxat, vestit, pentinat i empolainat, esmorzava, repassava una mica les lliçons del dia i, quan ja eren les vuit, sospirava i anava al llit de la Gina.

–¡Desperta't, Gina! ¡Ja és hora de llevar-se!

–¡Deixa'm!

–¡Vinga, dormilega, que ja ha sortir el sol!

–¡Vés-te'n! ¡No em toquis!

Seguint les instrucciones de la Gina, la Bibí la sacsejava, la desabrigava, no feia cas del penjaments que li dedicava la seva germana i, finalment, aconseguia que obrís els ulls del tot, collís els peluixos que li havien caigut, saltés del llit i que, lentament, comencés a llevar-se.

7

EL COSINET SERGI tenia nou anys. Era menut, bellugadís i bastant ros. Només es calmava quan veia la Gina. S'avenien molt i estaven junts sempre que podien.

En Sergi vivia en una casa voltada de camps de presseguers, d'ametllers, d'avellaners i de figueres. També hi havia tomaqueres, mongeteres, escaroles, enciams i altres verdures. En un galliner hi havia l'aviram. I per vigilar totes aquestes coses, tenien quatre gossos.

A la Gina li agradava molt anar a casa d'en Sergi però odiava els gossos, sobretot d'ençà que aquell gos llop li havia matat el primer gatet. Si un dia volia anar a veure el seu cosí, abans li telefonava i li deia:

–Tanca els gossos, que vinc.

En Sergi els lligava o els tancava en un galliner sense gallines que tenien per als gossos. En Sergi no tenia gens de por, tot i que a vegades aquests animals, jugant, el tiraven per terra perquè era esprit-matxat i més aviat baixet. Si els gossos li posaven les potes a les espatlles, perdia l'equilibri. A vegades no queia, però trontollava.

La Gina acompanyava la mare d'en Sergi a buscar els ous al ponedor de les gallines, calentons i acabats de fer. També li agradava anar a collir tomàquets, préssecs o cireres. Les mongetes i els pèsols la cansaven més perquè costava molt d'omplir el cistell.

Prop de la casa hi havia una muntanya i molts diumenges totes dues famílies hi anaven d'excursió. Per arribar a dalt s'hi estava un parell d'hores, i per baixar, molt menys. El camí que hi pujava no era gens difícil perquè no es perdia mai entre la brossa. Només calia vigilar on posaves els peus perquè l'aigua de pluja hi feia esvorancs o algun tros de marge s'esllavissava i l'omplia de pedres.

Un dia d'octubre, que feia molt bo, van dinar de pressa i cap a les tres van decidir pujar a la muntanya:

–A veure si trobem algun bolet –va dir el pare d'en Sergi.

–¡En bona hora! –va dir la seva mare–. Tots els boletaires ja han tornat a casa.

–Doncs collirem pinyes per encendre el foc.

Van començar a pujar sense cap pressa. Els dos pares van agafar un tronc llarg que els feia de bastó, amb el qual apartaven les mates o els pilots de pinassa per veure si a sota hi havia algun bolet. Les dues mares enraonaven, i la Bibí i la Sandra, la germana d'en Sergi, també anaven parlant de les seves coses.

La Gina i en Sergi van tirar endavant per arribar els primers al capdamunt de la muntanya. Tot d'una van veure un caminet que s'endinsava al bosc i la Gina va dir:

–Això deu ser una drecera.

–Doncs, ¿per què no hi passem? –va dir en Sergi.

Ells que sí, que van abandonar el camí de sempre i es van enfilar pel camí nou. Feia molta pujada i esbufegaven però anaven tirant. Al cap d'una estoneta es van trobar ben al mig del bosc i el camí se'ls va perdre entremig de les mates.

–¿Vols dir que no ens perdrem? –va dir la Gina.

–No, mira. Ara el camí ja es torna a veure.

–¿I si reculem?

–Com vulguis.

Els va semblar que reculaven però no devia ser així perquè tot d'una es van trobar entre unes roques que no havien pas vist abans, i quan van anar a donar la volta, van veure que el caminet s'havia acabat i ara a sota seu hi havia un espadat ple de bardisses.

–¡Ara sí que l'hem feta bona! –va dir la Gina–. En comptes de recular ens hem enredat.

Van intentar refer el camí, però al cap

d'una mica van tornar a ser davant de l'espadat i d'unes quantes pedres grosses.

–Quina drecera més tramposa –va dir en Sergi–. ¿I ara què fem?

–No ens hem de posar nerviosos. Rumiem una mica.

–¿I si cridem perquè ens puguin sentir el pares?

–És una bona idea. Ens enfilarem en aquella roca que és tan alta i així potser ens veuran.

Es van enfilar en una d'aquelles pedrasses, la que era més lluny del cingle per no estimbar-se si relliscaven tot escalant. Quan van ser a dalt, bufava el vent, que els venia de cara, i amb el vent va arribar la veu del pares que cridaven:

–¡Gina! ¡Sergi! ¿On sou?

–¡Aquí, aquí –van cridar ells dos.

Però els pares no els devien sentir perquè tornaven a cridar:

–¡Sergi! ¡Gina! ¡Contesteu! ¿On sou?

–¡Aquí! Dalt d'una roca molt alta.

Però passava que el vent els portava la veu dels pares, i en canvi la d'ells se l'enduia pel cingle i els pares no la sentien. Com que era la tardor, no quedava gaire estona de sol i els pares van començar a espantar-se.

–Fem una cosa –va dir la mare de la Gina–. Vosaltres quedeu-vos aquí i aneu cridant. Jo vaig amb la Bibí a baix al poble a avisar la Guàrdia Civil perquè no trigarà gaire a fer-se fosc i aleshores sí que pot ser perillós.

Van començar a baixar i encara no havien fet ni dos-cents metres que el vent va canviar de direcció i van sentir les veuetes que deien:

–Som aquí. ¡Som dalt d'aquesta roca!

Els van sentir tots i el pare d'en Sergi va cridar ben fort:

–No us mogueu d'aquí. Ara us venim a buscar.

Però aleshores passava al revés. Els pares els sentien, i en canvi ells dos, no. Al cap d'una estoneta de no sentir els seus pares, la Gina i en Sergi es van espantar una mica.

–¿Què deu haver passat? –va dir en Sergi–. Potser se n'han anat.

–Això no pot ser. ¿Tu creus que els nostres pares ens abandonarien?

–¿Doncs per què no ens responen?

–Deuen haver entrat al bosc i la veu no ens arriba. O potser es cansen de cridar i caminar. Nosaltres que estem descansats hem d'anar cridant.

I així ho van fer. Drets damunt la roca i amb el sol cada vegada més vermell i més a prop de l'horitzó, anaven dient coses tan alt com podien. Se'ls començava a enrogallar la veu. Els pares els sentien i sempre responien, però el vent se'ls enduia la veu cap a l'altre cantó de la muntanya.

Finalment els van veure arribar entremig del arbres. Ells van baixar de la roca i van córrer a trobar-los. Tenien por que els renyarien però no els van dir res de tan contents que van estar de veure que no havien pres mal.

–¡Quin esglai que ens heu donat! –només van dir.

–Nosaltres també ens començàvem a posar nerviosos.

–Però, ¿com és que us heu perdut?

–És que volíem fer drecera.

–No heu sentit mai aquell refrany –va dir el pare d'en Sergi–: «No deixis mai la drecera per seguir la carretera.»

–¡Al revés, pare! –va dir la Sandra–. És la carretera la que no es pot deixar.

La Gina i en Sergi van quedar escarmentats amb aquesta aventura, i a més van aprendre que el vent pot ajudar o pot desorientar, segons d'on bufi.

8

LA GINA no havia pas triat anar a escola de música. Ho havien triat els seus pares. Al principi es pensava que no li agradaria gaire perquè el solfeig era molt avorrit, però de mica en mica s'hi va anar acostumant i va trobar que tot això dels temps i dels compassos s'assemblava bastant a les matemàtiques.

Com que afinava molt, la van voler de seguida a la coral de l'escola i es va fer amiga de dues nenes que es deien Marina i Neus. Eren les seves amigues de música, que no es barrejaven amb les de l'escola ni amb les veïnes de la casa dels diumenges.

El cor de la Gina era com una calaixera i cada persona era endreçada al seu calaix. Al de dalt de tot hi havia la Bibí i els pares. Al segon, els avis i tota la família. Després venien les amigues de l'escola, les veïnes, les de música i les de tennis. Aquestes, al calaix de baix de tot perquè només les veia una estona els dissabtes.

Quan va saber prou solfeig per començar a tocar un instrument, va triar el violoncel perquè al seu pare li agradava molt i l'avi Guillem també el tocava. Així faria contents tots dos avis: el de les col·leccions perquè l'ajudava a ordenarles i el del violoncel perquè havia triat el mateix instrument.

Els primers mesos de violoncel van ser més avorrits que els primers dies de solfeig. Havia d'agafar l'arquet amb la mà relaxada, era com si al braç dret no hi tingués cap os:

–¿Saps aquell joc dels nens petits que en diuen «mà morta»? –li deia el professor.

–Sí –deia la Gina.

Doncs igual.

Això és fàcil de dir, però saber-ho fer ja és una altra cosa. El segon pas era passar l'arquet per sobre de la corda fins que li sortís ben clara la nota que tocava, sense grinyols ni tremolins. Tant els violins com els violoncels, que també es diuen *cellos*, tenen quatre cordes, i per poc que badis l'arquet hi salta per damunt perquè estan molt tenses. Aleshores en comptes de nota, surt un garranyic com el d'una porta sense gens d'oli a les frontisses.

Sort que al professor, que es deia Joan, li agradava molt i no perdia la paciència.

–Ara ja has après a agafar bé l'arquet. D'aquí a molt poc temps sonaran les notes. I recorda sempre que dins d'aquestes cordes hi ha tota la música del món, que ja s'espera per sortir.

–¿Vols dir que en sabré mai?

–És clar que sí. Ja ho veuràs.

Aleshores, per animar-la, li agafava la mà i tocaven una cançoneta tots dos junts. I així, de mica en mica, la Gina va començar a sentir que les cordes vibraven sota els seus dits i que en lloc de garranyics feien musiqueta.

Quan va tornar a començar el curs ja la volien a l'orquestra. Hi havia nens i nenes que en sabien molt però que toquessin el *cello* només n'eren dos. Ella i un nen que es deia Eudald. Els dies d'assaig, tocaven per l'estil però quan feien un concert l'Eudald s'atabalava, li suaven les mans, els dits li relliscaven i aleshores tocava una nota per una altra:

–Vigila la mà esquerra –li deia la Gina–, que té una falsa posició.

Però l'Eudald no la sentia i només desitjava acabar. Als nens i les nenes que no es posaven tan nerviosos els agradava molt tocar en un teatre. Com que tot el públic eren pares i avis o bé altra gent de la família, els aplaudien molt i ells saludaven tots estarrufats.

Per poder fer un concert s'ha d'assajar molt i és bastant pesat. Si un tros no surt bé, s'ha de repetir i tornar a repetir. Els assajos no els agradaven gaire, encara que sabien que eren necessaris. Un dia que tenien mandra de treballar, aprofitant que el director encara no hi era, un nen molt trapella que es deia Manelic va proposar:

–¿Sabeu què podem fer?

–¿Què? –van dir els altres.

–Tots els que toqueu instruments de corda, desafineu-los força i així passarem l'hora de la classe tornant-los a afinar.

–Sí –va dir un violinista–. D'acord. Però nosaltres tindrem feina i tots els altres no.

Si un nen toca el piano, les notes sempre són al mateix lloc. Només s'ha d'afinar de tant en tant i ho fa un especialista. Si toca una trompeta o un clarinet també les troba gairebé sempre allà on eren abans. Però del violí al contrabaix, si les cordes no s'han tensat al seu punt just, els instruments no sonen. Per cargolar-les bé, al capdamunt dels instruments hi ha unes clavilles que s'han de fer voltar endavant i endarrere fins que les notes surten afinades. Fins i tot als grans músics els costa una miqueta, però als nens que comencen els costa molt més i el seu professor els ha d'ajudar.

Aquell dia, doncs, van afluixar les cordes i el director, quan va arribar, va picar el faristol amb la batuta i va dir:

–A veure, Cèlia, dóna el *la*.

La Cèlia era la nena que tocava l'oboè, que és l'instrument que dóna el to a les orquestres. A la Cèlia se li escapava el riure però es va aguantar. Quan ella va acabar, els altres havien de fer la mateixa nota però el que va sortir va ser una olla de cols:

–¿Què és aquest orgue de gats? –va dir el director.

–No sé pas què els passa a aquests instruments –van dir els nens.

–Deu ser la calor –va dir un.

–Si no en fa gens –va dir el director, estranyat.

–Doncs la humitat –va dir un altre.

–O vosaltres, que sou una colla de tanoques –els va dir el director una mica empipat–. Apa, sense mandra. ¡A afinar de seguida!

Tal com havia dit en Manelic, va costar molt posar-los tots a to i aquell dia sí que van fer poca feina.

Pels volts de Nadal feien un altre concert, no tota l'orquestra sinó en grupets petits, de tres en tres o de dos en dos. Ella i l'Eudald tocaven *Santa Nit.* L'Eudald patia altre cop, tornava a suar i els dits li relliscaven, o sigui que tot plegat no va sonar gaire bé. En acabar, el pare de la Gina va demanar a en Joan que li deixés fer una fotocòpia de les partitures i se les van endur, amb el violoncel que ocupava mig cotxe, a casa de l'avi Guillem, que era el que tocava el *cello.*

A casa d'aquest avi és on cada any feien cagar el tió, i mentre s'esperaven que tots els regals estiguessin a punt, la Gina i l'avi van tocar *Santa Nit* com al concert. Sonava molt més bé i a l'avi Guillem li va fer tanta il·lusió tocar amb la seva néta que va agafar una gravadora i van tornar a tocar per gravar-ho. Després va pasar la cinta i mentre la sentia anava fent que sí amb el cap i deia:

–Molt bé. Aquesta nena ho fa d'allò més bé.

Després el pare va tocar altres cançons de Nadal al piano i tots les cantaven. La cosineta Ariadna sabia tota la lletra d'*El rabadà* i la va cantar, i també es va enfilar en una cadira i els va dir un vers.

9

COM QUE A LA GINA segons com li agradaven les persones tranquil·les, molt aviat es va fer amiga de les seves veïnes. Es deien Beatriz i Aida. Havien nascut als Estats Units i només feia un any que eren aquí i s'havien instal·lat al costat de la casa dels diumenges, que per a elles també era la de cada dia perquè s'hi estaven sempre.

A més de les nenes hi havia dos nens més petits i feia molt poc que la seva mare n'esperava un altre, que tant podia desempatar els uns com els altres i encara no sabien què seria.

Tota la família era molt educada. Quan les nenes anaven a casa la Gina no es descuidaven mai de saludar, tant quan arribaven com quan se'n tornaven, i si els havien dit que a les sis, a les set o a l'hora que fos tornessin a casa, elles sempre creien sense rondinar.

La Gina havia observat totes aquestes coses i ella feia igual quan anava a jugar a casa les veïnes. En canvi, el cosinet Sergi, que a vegades també la hi acompanyava, no s'hi fixava tant i aleshores la Gina patia i s'estimava més que en Sergi no hi anés; però les veïnes sempre el demanaven, sobretot l'Aida, perquè era l'únic nen de la seva edat que coneixien, i a més els feia gràcia jugar amb un nen tan belluguet.

Amb les veïnes, a l'estiu es banyaven o donaven un volt a peu o en bicicleta, però si estava núvol, o quan ja feia fred, jugaven a nines. En tenien moltes però la que els agradava més a totes era la Rosaura, aquella nina tan grossa, que era de la Gina.

En acabar l'estiu, la Gina va tenir una idea.

–¿Saps què, Beatriz? Si ho vols, pots

convidar la Rosaura fins a les vacances de Nadal.

–¿No l'enyoraràs?

–No perquè ja sabré que tu la cuidaràs molt bé.

–¿I si ella s'enyora?

–Que m'escrigui cartes.

Ho van fer així. Cada divendres, quan la Gina arribava trobava una carta de la seva filleta a la bústia i ella, abans de marxar, li n'escrivia una altra i, els dos dies del mig, li feia visites.

L'endemà de Nadal, tornant de casa l'avi del violoncel, encara que la Gina tingués tots els regals nous cagats pel tió, no es va pas descuidar d'anar a recollir la seva Rosaura. Va donar les gràcies a les tietes de la nina, que eren les veïnes, i els va dur uns quants bombons que havia comprat amb els seus cèntims perquè les veïnes no menjaven xuxes. Bé. Algunes vegades a casa la Gina n'havien menjat, però com que ella sabia que a casa seva no ho volien, ja no les convidava perquè no haguessin de desobeir.

La Beatriz i l'Aida també duien vestits

amb colls de puntes o brodats i sabates que hi lligaven, o sigui que la Gina no s'hi trobava gens estranya. En canvi a l'escola no en duia ningú. Anaven més moderns. Quan s'acostava el dia de Reis, la Gina va dir a la seva mare:

–He pensat una cosa.

–¿Quina cosa?

–Els Reis em podrien dur un jersei de rombes, uns texans i unes bambes. Així m'ho posaré un dia la setmana per anar a l'escola i seré igual que tothom.

–¿Només un dia?

–Sí. Els altres dies vull anar al meu gust.

–D'acord –va dir la mare–, però si no et fa res esperarem que hagin passat els Reis i comprarem la roba a les rebaixes.

–No em fa res.

Una mica abans de començar les vacances de Nadal, la Gina havia anat amb la seva mare a la fira de Santa Llúcia perquè volia fer un pessebre i allà venien tot el que calia per poder-lo fer. Abans de començar-lo, va dir a la Bibí:

–¿M'ajudaràs a fer el pessebre?

—Ja sóc massa gran per a aquestes coses.

—Doncs almenys digues-me on podria trobar una fusta llarga.

—A can Milhomes.

En Milhomes era un fuster molt divertit. No es deia pas així, sinó Ton Mas, però als de casa seva des del temps antic els havien posat aquest nom i ell deia que li agradava molt perquè el convertia en tot un exèrcit.

—¿M'acompanyes a veure'l?

—¿Que te'n dónes vergonya?

—No. Però si em dóna una fusta llarga i no la puc dur sola, tu m'ajudaràs.

—¿I anar pel carrer com qui porta un mort?

—Ara ets tu qui se'n dóna vergonya.

—¡I tant que sí! Imagina't que em trobo algun dels meus amics.

—Els dius que tens una germana molt pesada i que l'has hagut d'acompanyar per fer-la callar.

—Bé. Ja vinc. No crec que a aquesta hora pugui trobar cap conegut.

Era un dissabte a primera hora de la

tarda. Aquell cap de setmana no havien marxat del pis perquè el pare era a fora i la mare al despatx tenia una feina urgent. En Milhomes no tancava mai la seva fusteria els dissabtes perquè tenia molta feina i s'estimava molt les fustes. Hi enraonava mentre treballava. Per exemple, els deia: «¡Ja veuràs, prestatge, que polit que quedaràs!», o si no, les renyava: «¡Ah! ¿No et vols encaixar? ¡Espera que et dono un bon cop de martell!»

Era molt divertit escoltar-lo. Per això els agradava tant que anés a treballar a casa seva. A més a més, els pares deien que era molt bon fuster i que tenia mans de plata.

La Bibí i la Gina van trobar en Milhomes que passava el ribot per una fusta. La Gina va collir uns quants encenalls que hi havia per terra, per si de cas li feien falta per al seu pessebre.

–¡Hola, pubilles! –els va dir el fuster.

–Hola, Ton. ¿Que tens un tros de fusta?

–Molts trossos, en tinc.

–No ha pas de ser nou –va dir la

Gina–. És per fer-hi el pessebre al damunt.

–Així no cal que sigui de caoba, de noguera o de melis. N'hi haurà prou amb fullola. Esteu de sort perquè vaig desmuntar una porta vella i l'anava a fer trossos per encendre l'estufa. Teniu, ja us la dono.

–¿Quant val?

–No res. És un obsequi de la casa –va respondre el fuster.

–Moltes gràcies, Ton.

Se l'anaven a endur però en Ton els va dir:

–Espereu-vos una mica ¿On voleu fer el vostre pessebre?

–Al passadís –va dir la Gina.

–Doncs no us hi cabria. Ja el conec prou, el vostre pis.

Va agafar la porta, la va posar sobre el banc de fuster i li va dir:

–Vine aquí, porteta, que t'he de fer unes quantes pessigolles.

La va serrar de dalt a baix, més o menys pel mig i els va donar la meitat més ampla.

–Al seu servei, senyoretes. Milhomes, especialista en pessebres a mida.

Les nenes van riure, van agafar la mitja porta, una per cada extrem, i se'n van anar cap a casa seva, que no era gaire lluny. Pel camí, la Bibí, que anava al darrere, anava dient:

–Camina de pressa que em moro de vergonya.

La Gina anava tan de pressa com podia però no van trobar pel camí cap amic de ningú.

L'endemà de Reis, la Gina va girar les figures d'esquena a l'establia perquè se'n tornessin cap a casa seva. Després va anar amb la mare a comprar de rebaixes.

10

LA VIDA DE LA GINA era molt distreta però no li passava cap cosa extraordinària, fins que un dia va arribar el nen de la guerra.

En començar les classes pel gener, la senyoreta els va dir:

–Escolteu-me bé. Durant uns quants mesos tindreu un company nou. Serà un company molt especial. És un nen que s'ha hagut de refugiar aquí, amb unes quantes persones més, perquè al seu país hi ha guerra. Com que al seu grup tot són persones grans i no saben quant temps s'hauran de quedar, ens han demanat que el volguéssim a l'escola perquè vegi altres nens.

–¿Com es diu?

–Damir. Ara us ho escric a la pissarra.

La senyoreta va escriure: «Damir Jabocevic.»

–¡Quin nom més estrany!

–Sí. I no sé gaire bé com s'ha de pronunciar. Bé. Ja ho aprendrem.

–¿Parla com nosaltres? –va preguntar una nena.

–No. I precisament us volia dir això. Ell no us entendrà, o sigui que no l'atabaleu dient-li coses. Només feu-li somriures quant us miri i espereu tranquils que li vinguin ganes de ser el vostre amic.

–¿Li podem fer regals?

–De moment no. L'heu de deixar adaptar-se, i cal que ho faci al seu aire. ¿Ho heu entès?

–Sí, senyoreta –van dir tots.

La senyoreta va sortir. Al cap d'una estoneta va tornar a la classe amb un nen molt ros, i gairebé tots els nens i totes les nenes es van aixecar i, en comptes de recordar-se del que els havien recomanat, deien coses al nen o parlaven entre ells i feien molt xivarri. Aleshores el nen

OCTUBRE

es va tapar la cara amb el braç dret i no volia entrar.

–¡Voleu fer el favor de callar! –va dir la senyoreta molt enfadada.

Els nens de la classe van callar una mica. La Gina, que seia en una taula tota sola d'ençà que l'havien separat de la Sílvia, perquè eren massa xerraires, no s'havia mogut i, quan va veure que el nen es tapava la cara, va pensar:

–És com en Xipi-xipi. Si pogués, s'amagaria en un forat.

El segon pensament va ser que potser no estava gaire bé això de comparar un nen amb un gat i va continuar fent el treball de socials que, per les vacances, no havia tingut temps d'acabar.

Quan va haver-hi una mica de silenci, la senyoreta va fer una rialla al nen, li va acariciar els cabells i li va donar un bloc de dibuix, una capsa de retoladors, un bolígraf, un llapis, una goma i uns quants folis blancs. El nen ho va agafar sense aixecar el cap. Aleshores la senyoreta va mirar la classe per veure on el faria seure, i els nens es van tornar a esverar:

–¡Que segui aquí! ¡Que segui aquí! –cridaven tots.

Però la senyoreta va anar decidida fins al capdavall, on seia la Gina, que anava treballant com si no veiés res, i li va dir:

–¿Et fa res que segui al teu costat?

–¡No! –va dir la Gina.

El nen va seure, va deixar tot el que duia en un racó de la taula i a l'altre tros hi va posar els braços, amb el cap al damunt. La Gina no es va girar, i es va recordar un altre cop d'en Xipi-xipi i del que havia costat que confiés en ella. Va estar molt contenta de no haver fet els deures durant els dies de vacances perquè així quedava més dissimulat que si hagués començat a escriure en aquell moment.

La senyoreta va començar la classe com si el nen de la guerra no hi fos, i de mica en mica tothom es va calmar. Quan un nen o una nena es giraven per mirar què passava, la senyoreta els renyava fluixet per no espantar el nen ros.

Al cap d'una estona, el nen de la guerra va alçar una mica el cap però el va tornar a amagar de seguida. La Gina se'l mirava de reüll però no es movia, i de tant en tant girava el cap a l'altra banda. Al cap d'una altra estona el nen va tornar a aixecar el cap i aquesta vegada no va anar tan de pressa a amagar-lo un altre cop.

Cap a mitja classe, va aixecar el cap del tot i va començar a mirar el que li havia donat la senyoreta. El que li agradava més eren els retoladors. Els destapava i els tornava a tapar. Finalment va agafar el vermell i va posar el seu nom a la tapa del bloc; però així com la senyoreta havia escrit primer Damir, ell ho va fer al revés, Jabocevic Damir.

A l'hora del pati, hi havia una senyora gran que s'esperava. Quan en Damir la va veure hi va anar corrent, li va ensenyar les coses que tenia i se'n va anar amb ella.

Tornant del pati, la senyoreta va dir:

–Avui en Damir només ha vingut una estoneta perquè perdi la por. Demà potser ja es voldrà quedar tot el matí. Aquella senyora que l'ha vingut a buscar és la seva àvia. Els seus pares encara són al seu país.

Com és natural, durant tot el dia no van parlar de res més que d'en Damir i de la guerra. Ells només l'havien vista per televisió i no semblava una cosa real. Semblava una pel·lícula que només dura un parell d'hores, després surt el *The end* i ja te'n pots anar a dormir tranquil perquè tot era una mentida. No se sabien imaginar què passava en una guerra de debò, però entenien què volia dir tenir els pares lluny i no poder-los veure.

11

EL PRIMER DIBUIX que va fer en Damir a l'escola va ser una mena de carrer amb les cases negres i foc que sortia per totes les finestres. La Gina se'l mirava de reüll perquè no volia que el nen se n'adonés. Va pensar: «Se li gastarà el retolador negre.»

Aquell dibuix feia molta angúnia. Quan va acabar de pintar cases negres i flames vermelles, en Damir va dibuixar gent estirada pel carrer, que devien ser els morts.

A la classe hi havia molts nens que dibuixaven tancs i armes supersecretes però eren uns dibuixos diferents. Es veia que els havien copiat dels còmics, però en Damir guixava amb una mena de ràbia que feia venir esgarrifances. La Gina no estava gens pel que deia la senyoreta. Rumiava i rumiava com s'ho podia fer per distreure en Damir d'aquells seus pensaments.

La senyoreta ja ho veia, que la Gina badava, però no deia res perquè sabia que era una nena amb moltes idees i esperava que alguna d'aquestes idees servís per ajudar en Damir a no ser tan esquerp. Per això l'havia fet seure al seu costat.

I no es va equivocar. A segona hora tocava dibuix. La Gina va agafar un full blanc i hi va dibuixar un gat negre amb el morret i les potes de color de rosa. No li va quedar gaire bé però es veia que era un gat. En Damir s'ho anava mirant. Quan va estar fet, la Gina va escriure a sota, amb lletres ben clares, «gat», i va enretirar el full, com si li fes nosa, cap al cantó esquerre, que és on seia en Damir. Ell va mirar el gat una bona estona, després va agafar el seu bloc, va girar full i va començar a dibuxar un altre gat. El seu era blanc i negre i molt més ben fet: «És un bon dibuixant, aquest Damir», va pensar la Gina. Aleshores se'l va mirar, va riure una mica i li va dir:

–En saps molt.

Ja sabia que no la podia entendre però segurament s'adonaria que no li deia cap cosa dolenta. En Damir no va riure però va fer una cosa que s'hi assemblava. Va agafar el paper de la Gina i va copiar la paraula «gat» a sota del seu dibuix. Després va canviar de retolador. En va agafar un de marró i va dibuixar un gos. S'hi va estar molta estona i encara li va sortir més bé que el gat.

–Es veu que li agraden els gossos –va pensar la Gina–. Quan siguem amics, hauré de dir a en Sergi que el convidi a jugar a casa seva.

En Damir va acabar el seu dibuix i aleshores sí que va fer una cosa sorprenent. Va agafar el braç de la Gina i li va dir una cosa molt estranya però amb el dit va assenyalar sota del seu gos, i després, sota del gat, allà on deia el nom.

–¡Ah! Ja ho entenc. ¡Vols que t'escrigui com se'n diu! –va dir la Gina.

Va agafar un llapis en comptes d'un bolígraf perquè va pensar: «Si no és això el que vol, que ho pugui esborrar», i va escriure «gos». Aleshores en Damir va llegir les dues paraules i sonaven una mica estranyes. La Gina les hi va dir ben dites, també fluixet dues o tres vegades. Aleshores en Damir no va dibuixar res més i se la mirava com si esperés alguna cosa.

–¿Què vols? Ara no ho endevino.

En Damir li assenyalava el seu full.

–¿Vols que ara jo faci un altre dibuix?

Ho devia encertar perquè, quan va agafar els retoladors, en Damir va fer que sí amb el cap i l'anava mirant:

–A veure –va dir la Gina–, una cosa fàcil i bonica. ¡Ah! Ja ho sé. Una flor.

Va dibuixar una flor de color de rosa amb la tija verda, que són uns colors molt alegres. A sota va escriure-hi el seu nom i en Damir el va aprendre.

Aleshores ell va dibuixar un arbre, i a sota, flors. Va fer servir tots els colors perquè va pintar el cel tot blau i el sol tot groc i no hi va posar gens de negre.

Quan van tocar el timbre la Gina es va quedar l'última com sempre, però aquesta vegada ho feia expressament. Volia parlar amb la senyoreta i es veu que la senyoreta volia parlar amb ella perquè en comptes de dir-li: «¡Apa, cançonera, a veure si t'afanyes!», la va deixar fer i quan es van quedar soles li va dir:

–¿Què Gina? ¿Com ha anat, avui?

Ella li ho va explicar i la senyoreta va estar molt contenta.

–Ho has fet molt bé, Gina. Et felicito.

–¿Sap què penso?

–¿Què penses?

–Potser a en Damir li agradaria un llibre de dibuixos, d'aquells que fan servir a primer de bàsica perquè els nens aprenguin a llegir.

–Tens raó. O encara millor, un d'aquells diccionaris de primeres paraules on hi ha dibuixos amb el nom a sota.

–Jo en tenia un però no sé on es.

–No et preocupis. En demanaré un a la senyoreta de primer i si el teu apareix i és diferent, d'aquí a uns quants dies l'hi pots dur.

–D'acord.

A l'hora del pati en Damir es mirava els nens que jugaven a futbol. Ells li deien:

–Vine, Damir, que ja t'hi volem.

Però en Damir s'enretirava i se'ls mirava des d'una mica més lluny.

12

VAN PASSAR UNS QUANTS DIES. En Damir mirava el llibre de paraules i dibuixava coses. Ara ja mirava tot el que feia la Gina. Un dia eren comptes i ell semblava que també els resolgués perquè anava seguint les operacions. Aleshores la Gina li va donar un full:

–¿Vols escriure números?

Ell en va fer uns quants però tornava a mirar els comptes de la Gina.

–¡Espera't un moment! –va dir la Gina i va agafar un altre full. Hi va escriure una suma, una resta, una multiplicació i una divisió. Tot ben facilet, i a veure què passava. Va passar el full al company.

En Damir va resoldre les tres primeres

operacions però es va mirar la divisió i va fer que no amb el cap.

—¿No saps dividir? O potser a la teva escola t'ho ensenyen diferent. Bé. Te'n faré més de les altres.

I així, de mica en mica, la Gina i en Damir es van anar entenent. A vegades ell també li deia coses en el seu idioma, no gaires perquè era vergonyós, i encara que ni l'un ni l'altre no sabien pas què significaven les paraules que es deien, trobaven gust a dir-les i a sentir-se la veu.

Un dia, quan se n'anaven a dinar, la senyoreta va dir:

—¿Et pots quedar un moment, Gina?

La Gina es va quedar i la senyoreta li va dir:

—T'he de tornar a felicitar per la manera que has sabut guanyar-te la confiança d'en Damir però tinc por que tu no quedis endarrere perquè estàs massa pendent d'ell.

—¿Doncs què he de fer?

—Si no et renyo, Gina. ¡Al contrari! Només em sabria greu que tinguessis males notes i els teus pares s'enfadessin.

–No ho crec.

–¿Què et sembla si provéssim de canviar en Damir de lloc? Si ha de passar gaire temps aquí, val més que s'acostumi a tenir més amics.

–¿I si es pensa que sóc jo que no el vull?

–Parlaré amb el noi que se'n cuida.

–¿Quin noi?

–Un del seu país que fa molt temps que viu aquí. Va venir a treballar molt abans de la guerra i ara s'ha ofert a la Creu Roja per fer d'intèrpret.

–¿Vol dir que tradueix les paraules que diu en Damir?

–Això mateix. Ell és el que ens va demanar si el volíem a l'escola i es va oferir per venir-me a veure sempre que calgués, si hi havia problemes.

–¿Sap on viu?

–Sí, és clar, i cadascú té el telèfon de l'altre.

–A mi em sap greu que me'l tregui del costat però si ell ha de ser més feliç...

–Bé. Quan hagi parlat amb aquell noi, ja ho decidirem.

Al cap d'un parell de dies va venir un noi a la classe. Va parlar amb la senyoreta i en Damir i el van acompanyar al costat d'un nen que es deia Jordi i era molt bon minyó.

De moment, en Damir va seure i no va dir res però quan el noi va ser fora es va tornar a posar de braços a la taula i amb el cap entremig. En Jordi se'l mirava i es girava cap on era la Gina com si li preguntés què havia de fer, però com que estava a l'altra banda de la classe ella no li podia donar cap consell.

També li passava una cosa estranya. Li sabia greu veure que en Damir no estava content, però d'altra banda li agradava que ell s'hagués enfadat perquè l'havien canviat de lloc.

I si quan el tenia al costat es distreia una mica, quan no l'hi va tenir es va distreure el doble perquè llavors pensava: «¿Què farà? ¿Aixecarà el cap o farà el tossut?», i no sabia ben bé què era el que s'estimava més.

L'endemà en Damir no va posar el cap entre els braços, però sí que va posar els colzes a la taula i es tapava la cara amb les mans.

–Bé –pensava la Gina–, ja ha començat a resignar-se. Demà ja es destaparà la cara.

Ho va endevinar. L'endemà no es tapava la cara però, com que seia molt a prop de la finestra, mirava al pati i no escrivia, ni dibuixava ni feia res. Aleshores la Gina, quan els nens ja eren fora, va anar a parlar amb la senyoreta.

–¿Fem un tracte?

–¿Quin tracte? –va dir la senyoreta.

–Jo em comprometo a estudiar força a casa meva i a fer tots els deures ben fets, però deixi tornar a seure en Damir al meu costat perquè no veig pas que sigui més feliç

–Potser tens raó. Bé. Ho provarem.

Segurament la senyoreta i aquell noi ja havien parlat amb en Damir perquè quan va arribar se'n va a anar de dret al costat de la Gina i ella va sentir aquella cosa tan calenta que puja pel coll i que ja sabia que es convertia en llàgrimes, però va fer un esforç per empassar-se-les mentre anava posant noms en un mapa del riu Llobregat, que passa per Martorell i per Sant Boi i neix a les fonts del Llobregat, on havia anat dues vegades d'excursió, l'una amb els pares i l'altra amb l'escola.

Quan ja va estar segura que al coll no li quedaven llàgrimes, es va girar una mica. En Damir havia dibuixat una nena al mig d'una pàgina del bloc. Duia els cabells curts, tenia els ulls grossos i anava vestida com ella. Era el seu retrat. Ho va endevinar de seguida. Aleshores va riure. En Damir també va riure i va escriure a sota de la nena: «Gina», amb unes lletres molt ben fetes; això volia dir que li havia après el nom i que estava content de tornar a seure al seu costat.

A l'hora del pati, tots van quedar molt sorpresos perquè en Damir se'n va anar amb uns nens que jugaven a pilota i amb signes els va demanar si l'hi volien. Ells van dir que sí, però la gran sorpresa va ser que no jugaven a futbol com els que en Damir havia mirat tant sinó a bàsquet.

Li van tirar la pilota i sabia jugar. Déu n'hi do les que encistellava.

13

VA PASSAR L'HIVERN i va arribar la primavera. En Damir anava perdent la vergonya i havia après a dir «hola» i «adéu» i altres cosetes. Jugava a bàsquet, feia gimnàstica i portava un llibre de contes en el seu idioma, però el que li agradava més eren els dibuixos i fer operacions matemàtiques.

Les taules de l'escola tenien una mena de prestatge que en deien calaix però que no ho era. Servia per posar-hi els llibres que no feien servir, l'esmorzar i altres coses, no gaires perquè hi havia poc espai. Com que els retoladors d'en Damir es començaven a acabar, la Gina, que era la primera d'arribar, com sempre, n'hi va posar uns de nous que havia anat a comprar amb la Bibí. Arribant a la botiga, la Bibí li havia dit:

–Compra-li'n un estoig de vint-i-quatre, que estarà més content.

–No sé si tindré prou cèntims.

–Ja t'ho regalo, jo et dec molts favors.

La Gina, doncs, va deixar l'estoig al calaix d'en Damir de manera que sortís una mica perquè ell s'adonés que hi eren. En Damir els va agafar, se la va mirar i li va dir una d'aquelles coses en el seu idioma que ella no entenia però va contestar:

–De fet, és un regal que et fa la meva germana.

En Damir va jugar tot el matí amb els retoladors nous. Els obria, els provava, els tornava a tancar i va dibuixar un paisatge amb una muntanya plena d'arbres i casetes blanques, un ramat de bens, i moltes coses més.

Al cap de pocs dies van començar les vacances de Pasqua. La Gina va anar a la casa dels diumenges i jugava amb en Sergi, la Beatriz i l'Aida. Els dies de sol anaven a passeig a peu o en bicicleta i quan no feia bo jugaven a nines i s'ho passaven bé com sempre.

Quan van tornar a l'escola no hi havia en Damir. La senyoreta els va dir:

El vostre amic Damir ja no vindrà més.

–¿Què ha passat? –van dir tots.

–Res de mal –va dir la senyoreta–. Al contrari. Els seus pares han pogut sortir del seu país però en lloc de venir aquí s'han refugiat a França i, és clar, han volgut que en Damir i la seva àvia es reunissin amb ells.

–¿I quan va marxar? –va preguntar en Jordi.

–Abans-d'ahir. No es va poder acomiadar de vosaltres però em va encarregar que us digués adéu de part seva.

–¿Vostè el va veure?

–Sí. Per casualitat era a casa quan va trucar aquell noi de la Creu Roja i vaig tenir temps d'anar a l'estació.

–Llàstima de no saber-ho –va dir una de les Annes–, li hauríem pogut fer algun regalet.

–Sí que ho és. Jo vaig comprar-li unes quantes coses per al viatge, però a correcuita. De fet la Creu Roja els havia donat paquets de roba, de provisions i del que els feia falta. També em va dir aquell noi que quan sabés l'adreça definitiva de la família d'en Damir, me la donaria perquè li poguéssiu escriure una carta.

–¿I ja sabia el camí d'anar a trobar els seus pares?

–No, però a Lió, que és la ciutat on havien de baixar, els esperava algú de la Creu Roja francesa per acompanyar-los.

–Sí que són bona gent, aquests de la Creu Roja –va dir la Sílvia.

–Ja ho crec, que ho són –va dir la senyoreta.

La Gina havia escoltat totes aquestes coses però no havia preguntat res. Li passava el mateix que aquella vegada que havien tret en Damir del seu costat. Estava contenta perquè ell tornaria a veure els seus pares, i això sí que el faria feliç; però el lloc buit al seu costat la feia estar molt trista. Va posar els llibres al calaix i aleshores va veure que hi havia una cosa: era el bloc de dibuix d'en Damir. Ella el va agafar i va mirar la senyoreta, que no va dir res; però quan sortien al pati, la va cridar:

–T'he de dir una cosa.

–¿Del bloc d'en Damir?

–Sí. Ell em va dir que te'l posés al calaix.

–¿Ja ho va saber dir?

–No. Ell em va donar el bloc i va dir: «Gina.» Però aquell noi m'ho va acabar d'explicar.

–¿I si no hagués anat a l'estació?

–Segurament l'hauria dut el noi.

–Bé. Me'n vaig al pati.

Quan va arribar a casa va anar a la seva habitació i va mirar l'àlbum. Hi havia tots els dibuixos. El primer, tan negre, i els altres, cada vegada més alegres. Tots els havia vist, tret el de l'últim full. Hi havia un nen ros i una nena castanya que es donaven la mà, i al voltant de la nena hi havia cors que volaven. A sota del nen hi deia Damir i a sota de la nena hi deia Gina. Era un dibuix molt bonic i la Gina va pensar que el guardaria tota la vida:

–¡Gina, a dinar! –va cridar la mare.

Sort que hi havia macarrons, que era el seu menjar preferit, perquè no tenia gens de gana.

14

QUAN LA GINA va estar una mica consolada, va ensenyar el bloc a la Bibí i a la seva mare. Ja els havia parlat d'en Damir, però només una miqueta. Ara els va explicar tota la història, com s'havien fet amics i la pena que li havia fet el dibuix de la guerra.

–Trobo que en vas saber molt de tractar aquest nen –va dir la mare–. ¿Com te'n vas sortir?

–Tu me'n vas ensenyar.

–¿Jo? Però si amb prou feines n'havíem parlat.

–Ja ho sé. Però tu em vas ensenyar a fer-me amiga d'en Xipi-xipi i me'n vaig recordar.

–¡Apa, nena! –va dir la Bibí–, ¡però si en Xipi-xipi és un gat!

–La Gina té raó –va dir la mare–. Un nen i un gat no són la mateixa cosa però el tacte va bé per a tothom.

–¿Què és el tacte? –va preguntar la Gina.

–La paciència –va dir la mare–, el fet d'anar a poc a poc i no atabalar.

–Em pensava que era la qualitat de tocar els objectes –va dir la Bibí.

–També –va dir la mare–. Vol dir totes dues coses.

Van anar mirant els dibuixos i quan van arribar al del nen i la nena amb tants cors voladors la mare va dir:

–¡Pobret Damir! Quina manera més bufona d'acomiadar-se.

La Bibí també ho va trobar molt tendre, i aleshores la mare va tenir una idea:

–¿Saps què faré? Vaja, si tu ho vols. Portaré aquest full al senyor que em fa els marcs dels quadres i així el podràs penjar a la teva habitació i farà molt bonic. ¿Què et sembla?

–Em sembla bé –va dir la Gina.

La mare va dur el dibuix a emmarcar. Li van posar un marc molt bonic, era blau amb floretes i amb un viuet daurat a dins. El van penjar a la paret del costat del llit perquè així la Gina el podia veure quan estava estirada i al matí quan finalment obria els ulls.

Aleshores la vida va tornar a ser com sempre. La Gina anava a l'escola, mirava la tele, demanava als pares que li compressin videojocs, però els pares deien que no els agradaven i que més valia que triés altres jocs més bellugadissos. També anava a anglès i a l'escola de música, i jugava a tennis el dissabte al matí. Tot igual que abans. Però cada vespre mirava el quadre que tenia penjat al costat del llit i pensava en la sort que havia tingut de conèixer un nen que l'estimava tant i que tant de bo que el pogués tornar a veure.

Un dia, en arribar a casa, la mare li va dir:

–Tinc una sorpresa per a tu.

–¿M'has comprat un videojoc?

–No. Una cosa millor.

Era una carta. La Gina la va obrir i va veure que hi havia dos fulls, l'un ple de dibuixos, i l'altre, de paraules, però no va entendre què deien.

–No sé pas què diu –va dir la Gina.

–¿M'ho deixes mirar?

–Sí. Té.

–Ah, ja ho veig –va dir la mare–. És escrita en francès. És de la mare d'en Damir. Et dóna les gràcies per haver estat tan dolça amb el seu fill. T'envia la seva adreça i diu que en Damir estaria molt content si rebés una carta teva. Que ell només t'envia dibuixos perquè encara no ha après el francès.

–Jo tampoc.

–Bé. Jo et puc ajudar.

–¡Si almenys hagués anat a Anglaterra!

–En aquest món, tot té remei. O moltes coses, en tenen.

–¿Què vols dir? ¿Que puc anar a francès en lloc d'anglès?

–Jo pensava que en lloc de mirar tanta tele.

–¡Si no la miro mai!

Però després de rumiar-ho una bona estona, la Gina va pensar que era una bona idea, perquè així tots dos farien la mateixa feina i seria com si s'ajudessin de lluny. També va pensar que d'aquesta manera, si es tornaven a veure, per fi s'entendrien.

Va escriure la primera carta. La mare la va traduir i ella la va copiar en net, mirant de posar les mateixes lletres.

Aquella mateixa setmana va començar a anar a classes de francès. Hi anava el dimecres que era l'única tarda que tenia lliure i de seguida va saber que, per començar una carta, s'havia de posar: «Cher Damir.»

SI T'HA AGRADAT AQUEST LLIBRE,
POTS LLEGIR D'AQUESTA MATEIXA COL·LECCIÓ...

45 ***Kim, el nen de l'avió***
Helma van der Berg-Bakker
En Kim és un nen coreà que ha estat adoptat per uns pares holandesos. Quan arriba a Europa està molt espantat. En baixar de l'avió veu una gent rossa i descolorida que parlen una llengua estranya. De mica en mica, però, en Kim s'acostuma al nou país i a la nova família.

73 ***Jambo, Kumi***
Maria I. Deyà, Antoni Roca
Kumi, un nen que viu a l'estepa africana, es veu obligat a traslladar-se com a refugiat a Europa, on és acollit per una família. Coneix Irene, una nena de la seva edat, amb qui passa diverses peripècies derivades del contrast entre la seva forma de vida i la pròpia d'una societat urbana desenvolupada.

94 ***Oriol***
Núria Albó
L'Oriol és un belluguet i fa perdre la paciència a gairebé tothom. Aquest any, les vacances a Vilanova i la Geltrú són diferents: la Fiona li descobreix un món nou i una manera de passar l'estiu sense fer el tabalot.

99 ***Escala del Gat, 3***
Renate Ahrens-Kramer
La Pat viu en un centre d'acollida i això fa que els seus companys de classe la rebutgin. Però la Clíona i la Pat vencen la resistència del seu entorn i es fan molt amigues.